AF275534

La civilización judeocristiana

La civilización judeocristiana
Historia de una impostura

SOPHIE BESSIS

Traducción de Juan Manuel Salmerón Arjona

gatopardo ediciones

Título original: *La civilisation judéo-chrétienne. Anatomie d'une imposture*

© Les Liens qui libèrent, 2025

Esta edición se publica por acuerdo con Les Liens qui libèrent, en colaboración con sus agentes debidamente designados Books And More Agency #BAM, París, Francia, y The Ella Sher Literary Agency. All rights reserved

© de la traducción: Juan Manuel Salmerón Arjona, 2026

© de esta edición: Gatopardo ediciones, S. L., 2026
Rambla de Catalunya, 131, 1.º-1.ª
08008 Barcelona (España)
info@gatopardoediciones.es
www.gatopardoediciones.es

Primera edición: enero de 2026

Diseño de la colección y de la cubierta: Rosa Lladó

Imagen de la cubierta: fotografía de Underwood & Underwood coloreada que muestra la proclamación de la conquista de Jerusalén por las tropas británicas del general Edmund Allenby el 11 de diciembre de 1917. Este episodio, que acabó con varios siglos de dominio otomano, fue visto por algunos como la culminación de la cruzadas. Imagen de la solapa: © Sophie Bessis

ISBN: 979-13-991088-3-5
Depósito legal: B 22357-2025
Impresión: Liberdúplex, S. L.
Impreso en España

Para nosotros, quien adora a los negros está tan «enfermo» como quien los odia.

FRANTZ FANON

¿Cómo nació esta expresión destinada a un éxito asombroso y que, saturada de ideología, aparece hace poco en el lenguaje cotidiano, de un modo tan banal que olvidamos la enorme impostura que la engendró? ¿De dónde sale, para qué se ha generalizado?

A pesar de estar presente en todas las salsas, en todos los discursos, en todos los enunciados, esta expresión, «judeocristiano», no despierta la menor curiosidad, no suscita ninguna pregunta, de puro evidente que se nos antoja hoy la alianza de esos dos adjetivos, «judío» y «cristiano». Pero no siempre ha sido así, y la popularidad del término es más sospechosa de lo que podría hacernos creer su trivial relevancia actual. Es cierto que su uso en contextos eruditos se remonta a tiempos muy antiguos y, entre otras razones, debe su existencia a que el judaísmo —primero— y el cristianismo —después— son anteriores al islam, la religión monoteísta más reciente.[1] Sin embargo, al pasar al lenguaje corriente, donde reina omnipresente desde hace unos cuarenta años, esta expresión ha adquirido un significado muy distinto, a juzgar por el uso político que de ella se hace. Es por este significado por el que hoy tenemos que preguntarnos. Ahora toda la civilización occidental proviene del judeocristianismo, todo se resume en esta palabra compuesta cuyos dos términos parecen más o menos siameses. Los valores y fundamentos de la cultura occidental provienen directamente de ella. Los políticos la usan una y otra vez, recurren a ella *ad nauseam* para justificar sus acciones. Así, un candidato a las elecciones presidenciales estadounidenses de 2000 afirmaba que, «al ser la única superpotencia del mundo, Estados Unidos tiene una serie de responsabilidades, en particular la de intervenir en el exterior para proteger los valores judeocristianos».[2] Así también, hoy el mundo se divide

1. En los primeros siglos de la era cristiana, antes de que el judaísmo y el cristianismo se separaran, a finales del siglo II, hubo varias sectas que elaboraron síntesis de aquella doctrina judía de la que surgían la nueva religión y sus enseñanzas evangélicas. Fue el caso, por ejemplo, de los cuartodecimanos, que no desaparecieron hasta el siglo IX. En la Edad Media, hubo traducciones de la Biblia que se enriquecieron con comentarios procedentes de la tradición judía. Podrían citarse otros ejemplos. En ningún caso pueden servir de argumento para negar la construcción cristiana del antijudaísmo europeo.

2. Declaraciones del senador McCain (*Le Monde,* 17 de febrero de 2000).

entre «las culturas judeocristianas» y las demás.[3] En Francia, en 1998, se celebró un congreso cuyo tema era «la integración política de los franceses musulmanes y su lugar en el mundo judeocristiano».[4] En una entrevista concedida al diario *Le Figaro* el 29 de mayo de 2024, el expresidente Nicolas Sarkozy también aludía a las «raíces judeocristianas» de Europa. ¿Que uno escribe de economía? Sáquense a relucir las dichosas raíces.[5] ¿Que lo hace sobre cultura? La mención es obligada. En todo caso, esta expresión doble solo aparece en el mundo occidental, sin que, dicho sea de paso, nadie se digne a aclarar qué significa.

En la literatura actual, de hecho, no se encuentra ningún rastro de «judeocristianismo», más allá de las

3. «Informe de la cuarta consulta sobre el proceso de organización de la Alianza para un mundo responsable y solidario», de la Fundación Charles Léopold Mayer para el Progreso del Hombre, 1998.

4. Algunas citas, en especial las que se refieren a hechos anteriores a 1999, están sacadas de mi libro *Occidente y los otros: historia de una supremacía*, Alianza, Madrid, 2002, trad. de Florencia Peyrou Tubert, donde abordaba el tema del presente ensayo sin profundizar en él, pero prometiéndome hacerlo algún día. Aquí lo he hecho.

5. Véase, entre otros, GEMDEV, *Mondialisation. Les mots et les choses*, Karthala, París, 1999. Citaré apenas unos pocos ejemplos de cómo el término aparece en la prensa o en la literatura actual. Sucede con tanta frecuencia que cualquiera que preste atención verá que es omnipresente.

fronteras que Occidente se ha impuesto. En regiones del mundo como América Central y del Sur, donde el cristianismo en sus diversas denominaciones es la religión dominante, dicha referencia es, si no inexistente, al menos muy discreta. Lo mismo sucede en los países del centro y del sur de África, mayoritariamente cristianos, donde no se ha colado en el lenguaje corriente, ni en el político, ni siquiera en el de las distintas iglesias. Tampoco la usan las sectas evangélicas africanas, que cuentan con millones de fieles y creen que la Biblia es un texto divino que debe tomarse al pie de la letra. Es decir, Occidente se la ha reservado para sí. Solo el triple proceso de ocultación, apropiación y exclusión que su uso sistemático permite nos explica el éxito sin parangón de este término, cuya popularidad supera incluso a la del manido mito de Grecia como cuna de la civilización occidental.

Podemos incluir este extraordinario hallazgo semántico e ideológico, uno de los más socorridos de nuestro tiempo, en la categoría de esas «verdades alternativas» de las que hoy tanto se habla. De hecho, cronológicamente parece ser de las primeras. Por eso conviene deconstruirla, precisamente cuando se ha convertido en un objeto temible en manos de una extrema derecha que busca imponerse a ambos lados del Atlántico, en Europa occidental y en Norteamérica, y ahora también en Israel, donde Benjamin Netanyahu lo usa para erigirse en defensor de la civilización judeocristiana frente a la barbarie musulmana.

LA GRAN SUSTITUCIÓN

Entre 1955 y 1967, tanto en la escuela como en el instituto, todos los profesores de Historia me enseñaron, sin discrepancia alguna entre ellos, que la civilización europea era grecolatina. El griego había sido su matriz, y el latín su descendencia, y así se había expandido por los confines del Imperio romano. La cosa no tenía vuelta de hoja. Ninguna otra región, cultura, ni mucho menos religión, había aportado nada que empañara ese exclusivo linaje. Nada de ningún lugar de Oriente había llegado jamás a ese «pequeño cabo de Asia», como, en cambio, lo llamaba Paul Valéry. Desdeñaban así a quienes pensaban que las raíces de Europa se remontan más atrás, como Champollion: «Con el debido respeto a los estudiosos que creen a pies juntillas que las artes nacieron en Grecia y por generación espontánea, a mí me parece, como les parece a cuantos conocen Egipto [...] que las artes empezaron en Grecia por imitación servil de las de Egipto [...] cuando las primeras colonias egipcias entraron en

contacto con los salvajes habitantes del Ática y del Pe-
loponeso», afirmaba el hombre que había descifrado la
escritura jeroglífica.[1]

Desde que se formó como tal, desde que trazó sus
fronteras y se constituyó en la civilización por antono-
masia, Europa no ha dejado de desestimar cuanto pueda
socavar la construcción de su personalidad. Así, aunque
para lograrlo toque tergiversar la historia, deberá des-
cartarse todo lo que la emparente culturalmente con
Oriente. En el siglo XIX, los intelectuales orgánicos de
la expansión colonial hicieron de la excepcionalidad
europea —extendida luego a lo que hoy llamamos Occidente— un atributo central de su poder y de su vocación
de dominio. Solo unos cuantos estudiosos intentaron sa-
car a la luz los otros orígenes de la civilización europea.
Hija de Grecia y de la Biblia, según la certera definición
de Emmanuel Lévinas, durante mucho tiempo Europa
se había limitado a reivindicar únicamente la primera
parte de su genealogía, y hasta hoy rechaza y silencia toda aportación foránea, por mucho que Oriente también
haya contribuido a forjar su cultura. Hasta el lenguaje
corriente ha logrado el prodigio de convertir a los profe-

1. Citado en Jean-Claude Simoën, *Le voyage en Égypte*, Jean-Claude Lattès,
París, 1989.

tas bíblicos en individuos occidentales.[2] Retomaré esta cuestión más adelante.

Pero la historia acabó volviendo por sus fueros para poner en tela de juicio lo que parecía evidente. El nazismo y el genocidio judío —que perpetró con la complicidad o la indiferencia de la mayor parte de los países europeos— contribuyeron no poco a ello. Hasta ese monstruoso paroxismo de odio al judío, el antisemitismo no escandalizaba más que a una minoría de europeos que, mayoritariamente, se habían educado en un ambiente cultural antijudío. Europa, y esa prolongación de Europa que es Estados Unidos, tardaron mucho en reconocer el carácter específico del genocidio judío entre los demás crímenes nazis. Peor aún, al acabar la guerra hubo brotes antisemitas en varios países del continente europeo, como Polonia, la Unión Soviética y Checoslovaquia. Y en esa Europa occidental que se consideraba democrática, los que denunciaban los horrores del nazismo no daban especial importancia al destino que este había reservado a los judíos. A aquellos que volvían del infierno se les reservaba una categoría general e indiferenciada, la de

2. Conocida en Estados Unidos por sus vídeos «educativos», la plataforma de derechas PragerU defiende los logros de la civilización occidental y judeocristiana «desde Moisés hasta Trump», tal como informaba *Le Monde* el 9 de julio de 2025.

deportados. Los supervivientes judíos tampoco insistían en su condición de judíos, sabedores de que no eran tiempos propicios para insistir en el carácter singular de la persecución que habían sufrido. En Francia, por ejemplo, hubo muchas formas de discriminación que perduraron incluso años después de que acabara la guerra.[3]

Si queremos poner una fecha más o menos precisa al momento en que empieza a reconocerse la particularidad del genocidio judío y, por tanto, a la asunción, por parte de los europeos, de una culpa o, al menos, una responsabilidad colectiva, debemos remontarnos hasta 1962, año en que se cumplió la sentencia del juicio de Adolf Eichmann.[4] A partir de aquel instante, el genocidio judío, que de pronto todo el mundo empezó a llamar *Shoah*, por la película homónima de Claude Lanzmann de 1985, acabó ocupando un lugar central en la memoria colectiva occidental y en su discurso público. Esta omnipresencia, que siguió al silencio previo, explica el hecho de que Occidente haya sustituido el antisemitismo por

---

3. Entre otras, la negativa a devolver sus inmuebles a los judíos supervivientes, que se prolongó al menos hasta 1946. Véase Isabelle Backouche, Sarah Gensburger, Eric Le Bourhis, *Appartements témoins, la spoliation des locataires juifs à Paris, 1940-1946*, La Découverte, París, 2025.

4. Véase Sylvie Lindeperg y Annette Wieviorka, *Le moment Eichmann*, Albin Michel, París, 2016.

una judeofilia oficial que dicta parte de la política de sus dirigentes y que, como veremos más adelante, parece un inquietante reflejo de aquel.

A principios de la década de 1980, el término «judeocristiano» pasa a ser de uso común, y así alcanza la asiduidad que hoy disfruta. Cierto es que los pensadores judíos europeos del siglo XIX y del primer tercio del siglo XX habían allanado el camino. Con la Ilustración y la progresiva adquisición de los derechos civiles, los judíos fueron abandonando su condición de extranjeros oriundos de Oriente, adonde a menudo se les había exigido que regresaran, y empezaron a pertenecer plenamente al continente en el que vivían. Hasta ese momento, en toda la literatura occidental medieval y moderna, así como en la iconografía religiosa y secular, el judío había sido siempre una de las encarnaciones de lo oriental, tanto en su vestimenta como en sus hábitos alimentarios, y se hablaba del gueto como si fuera un pecio de Oriente varado en la orilla de la ciudad europea.[5] Casi todos los escritores antisemitas proponían, si no exterminarlos,

5. Véanse, en particular, los últimos pasajes de *El judío Süss* (1925), la hermosa novela histórica de Lion Feuchtwanger que los nazis transformaron en una película de propaganda antisemita. A punto de ser ejecutado, Süss, consejero de finanzas de la corte, vuelve a ser el hombre oriental que en el fondo nunca había dejado de ser.

devolverlos «a Asia». Así, entre otros, Proudhon. Su asimilación a las sociedades de las que ya no querían ser excluidos exigía este desplazamiento hacia Occidente. De este modo, al salir del gueto, el judío europeo se transformaba en ciudadano europeo. Una filósofa como Hannah Arendt, pero no es la única, teorizó sobre esta pertenencia al escribir en 1941: «Vamos a la guerra como un pueblo europeo que ha contribuido al esplendor y la desgracia de Europa tanto como cualquier otro»,[6] y poco después: «De todas las creencias falsas que, fuertemente influido por el antisemitismo, profesa el movimiento sionista, la que ha tenido unas consecuencias más graves y profundas es la del carácter no europeo de los judíos».[7]

Ahora bien, que los judíos se convirtieran en europeos no implicó que el judaísmo y lo judío pasaran a ser una parte fundamental de la civilización europea ni, en general, de la occidental. Ni mucho menos que Europa reconociera el componente oriental que tanto ha contribuido a su formación. En realidad, ocurrió justo lo contrario. El judío se occidentalizó hasta el punto de olvidar una parte de sus raíces y convertirse en un sujeto históri-

6. Hannah Arendt, «Ceterum Censeo» (26 de diciembre de 1941), que he localizado en *Auschwitz et Jérusalem*, Presses Pocket, París, 1991.

7. Hannah Arendt, «Réexamen du sionisme» (octubre de 1944), *op. cit.*

co exclusivamente europeo. No se trata aquí de minimizar la importancia de su papel. A partir de su integración más o menos plena en la ciudadanía de sus respectivos países, los judíos no solo se convirtieron en europeos de pleno derecho, sino que contribuyeron de manera esencial a la formación del pensamiento europeo moderno.[8] Así, y como si quisieran sacudirse el estigma con el que los marcaban por su origen, los judíos europeos y los intelectuales que hablaban en su nombre ignoraron a los judíos de Oriente hasta abocarlos a la inexistencia. Por su parte, la literatura europea del siglo XIX, desde Maupassant a Nerval pasando por Alexandre Dumas o Pierre Loti —por citar únicamente ejemplos franceses—, les otorgó el rostro más abyecto del orientalismo, achacándoles todos los defectos que les atribuía el vocabulario antisemita: mugrientos, mezquinos, taimados y traicioneros.[9]

Vemos, así, hasta qué punto el giro que se produjo en los años ochenta del siglo pasado rompe con la noción tradicional que Occidente tenía del judío. Poco a poco

8. Véase Enzo Traverso, *La fin de la modernité juive*, La Découverte, París, 2013.

9. También podríamos hablar de muchos autores rusos. Salvo Tolstói y algún otro, casi todos muestran en sus obras un antisemitismo declarado y virulento.

se los ha ido aceptando como occidentales, pero han tenido que concurrir una serie de factores excepcionales para que la aportación de los judíos —¿cultural?, ¿religiosa?; la opinión dominante no aclara el carácter de su aportación— se considere parte indisoluble de la civilización occidental.

LA FÁBRICA DEL OLVIDO

Esta «gran sustitución» de lo heleno y lo latino por lo judeocristiano, que marca el comienzo del asombroso fenómeno que hoy nos lleva a recurrir a un término religioso para hablar de cualquier fenómeno cultural, también da pie a una gran ocultación, porque la amalgama entre esas dos palabras —«judío» y «cristiano»— nos permite correr un tupido velo sobre casi dos milenios de odio antijudío y sobre la larga negación por parte de la Iglesia católica de su filiación abrahámica. Pues todos convendremos, en efecto, en que ninguna civilización puede odiar ni rechazar lo que una y otra vez reclama como suyo. Así, la instauración, y posterior sacralización, de una identidad «judeocristiana» permitió dar carpetazo a la larga secuencia de antijudaísmo cristiano y ocultar el hecho de que la primera alteridad contra la que se construyó la Europa cristiana fue la alteridad judía. No volveremos a contar la historia, de sobra documentada, de las persecuciones que durante siglos sufrieron los judíos en un espacio que, progresivamente, fue siendo el de la cristiandad, occidental y oriental, católica, ortodoxa y, más tarde, protestante.[1] Nos limitaremos a recordar que esas persecuciones empezaron muy pronto, con el triunfo del cristianismo en la Antigüedad tardía y su elevación al rango de religión oficial del Imperio romano a principios del siglo IV.[2] Y que no cesaron durante la larga Edad Media ni en la época que denominamos moderna, ocurriendo, con mayor o menor crueldad, aquí o allá según lo requirieran la desgracia del momento y consiguiente búsqueda de un chivo expiatorio, eterna causa primera

1. En todo caso, la proximidad del protestantismo a las fuentes bíblicas del cristianismo —a diferencia del catolicismo, expurgado hasta hace poco en su versión sulpiciana de todo rastro de judaísmo— no puede hacernos olvidar la violencia del antijudaísmo del fundador de la Reforma. En 1543, Lutero clamaba: «Nuestros magistrados deben reprimir a estos miserables. Que se encarguen de quemar las sinagogas [...]. Que los obliguen a trabajar. Y si todo esto no sirve de nada, nos veremos obligados a expulsarlos como a perros rabiosos». Citado en Henri Tincq, «Les sermons de Luther font trembler Rome et l'Empire», serie «Les génies du christianisme», núm. 8, *Le Monde*, 21 de julio de 1999, pp. 10-11.

2. La literatura sobre las raíces cristianas del antisemitismo es abundante. Citemos, por ejemplo, las obras de Jules Isaac (1877-1963), al que generaciones de alumnos galos conocen por ser el principal autor del famoso manual de historia Malet-Isaac. También es autor de tres obras sobre el tema: *Jésus et Israël* (1948), *Genèse de l'antisémitisme* (1956) y *L'enseignement du mépris* (1962).

de las calamidades de todo tipo que podían abatirse sobre una población. Los poderes temporales y espirituales usaron una y otra vez el odio de las gentes al «pueblo deicida» para favorecer sus intereses políticos, religiosos o financieros, avivándolo siempre, en lugar de aplacarlo. Desde el Cuarto Concilio de Letrán de 1215 hasta el *Code Noir* —aprobado por Luis XIV en 1685—, pasando, claro está, por el Edicto de Granada, que, por influencia de la Santa Inquisición, promulgaron los Reyes Católicos en 1492, se les obligó a vestir ciertas prendas, se les prohibió acceder a cargos públicos, obligándoseles a dedicarse a oficios «impuros» cuyo ejercicio se les reprochaba al mismo tiempo, se los expulsó y, cuando esto no fue posible, se les encerró en barrios de los que no podían salir. Sabida es la suerte que corrieron en el vasto Imperio ruso, donde fueron recluidos en la famosa «zona de asentamiento», que comprendía, entre otros lugares, Polonia, Ucrania y los países bálticos, y que empezaron a abandonar en la segunda mitad del siglo XIX, ya para escapar de los pogromos, ya para asimilarse a las mayorías en las que la mayor parte de ellos deseaba fervientemente integrarse.[3]

El hecho de que, durante todo aquel tiempo, hubiera en la corte de reyes y príncipes médicos, financieros,

3. Véase Yuri Slezkine, *Le siècle juif*, La Découverte, París, 2018.

recaudadores de impuestos y consejeros judíos, que a veces llegaban a ocupar los cargos más altos —aunque siempre a sabiendas de que en cualquier momento podían caer en desgracia—, no debe hacernos olvidar la triste suerte que corrían estas minorías dispersas por toda Europa, que, hasta el genocidio nazi, representaban la inmensa mayoría de la población judía mundial. Al contrario de lo que precipitadamente afirma Hannah Arendt, que ve una diferencia radical entre el viejo antijudaísmo y el antisemitismo moderno, el paroxismo antisemita del nazismo no habría sido posible sin todos esos siglos de tradición antijudía.[4]

Después de la Segunda Guerra Mundial, y a medida que fueron conociéndose los engranajes de la máquina de exterminio nazi, Europa —y por extensión Occidente— se vio forzada a rehabilitar todos esos «valores» de los que, pese a la violencia devastadora de sus conquistas coloniales, llevaba dos siglos erigiéndose en depositaria y única defensora, y que también se habían chamuscado en el humo de los crematorios. Para lograrlo, y para recuperar la inocencia perdida, adoptó dos estrategias complementarias. La primera llevó a la creación del

---

4. Véase Michel Dreyfus, *Hannah Arendt et la question juive. Pour une relecture*, en la colección «Questions républicaines», PUF, París, 2023.

Estado de Israel y a una defensa casi incondicional de su política expansionista, hasta el punto de apoyar sin reservas la colonización sistemática de lo que quedaba de Palestina después de la fundación del Estado y de la guerra de 1948. Para que Occidente pudiera restablecer esa superioridad moral que se había arrogado en exclusiva, pero que el nazismo había echado por tierra, era y sigue siendo necesario que Israel no solo sea el heredero de la víctima, sino también la eterna víctima. Era preciso que Occidente sea del todo inocente y que nunca, haga lo que haga, pueda pasar al bando de los verdugos. Solo así considera Occidente que puede expiar su crimen.[5]

La segunda estrategia consistió en difundir y popularizar el término «judeocristiano» hasta convertirlo, como hemos visto, en el fundamento de la civilización occidental, de la que ahora casi es sinónimo. Así, fusionados con el judaísmo, los países de tradición cristiana pueden desembarazarse fácilmente de su pasado y de parte de su presente.

Sin embargo, como sabemos, el diablo está en los detalles. Tras rechazar durante muchísimo tiempo el

---

5. Véase el sutil análisis de Hassina Mechaï, «Sur la question palestinienne : l'inconditionnelle innocence occidentale», *Le Club de Mediapart*, 14 de enero de 2024.

Sobre los judíos y sus mentiras, tratado antisemita
escrito en 1543 por Martín Lutero.

CODE NOIR,

OU
RECUEIL D'EDITS,
DÉCLARATIONS ET ARRETS

CONCERNANT

Les Esclaves Négres de l'Amérique,

A V E C

Un Recueil de Réglemens, concernant la police des Isles Françoises de l'Amérique & les Engagés.

A PARIS,

Chez les LIBRAIRES ASSOCIEZ.

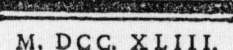

M. DCC. XLIII.

Edición del *Code Noir* del año 1743.

parentesco que existe entre esas dos versiones de la revelación abrahámica, esta nueva identidad colectiva se da oficialmente, incorporando ahora al judío, lo que permite a Occidente apropiarse del carácter universal que tiene el mensaje de aquel. De hecho, la noción de lo judeocristiano como sujeto colectivo nos escamotea al judío, esa eterna encarnación del Otro que hacíamos venir de un lejano mundo oriental, pero que había sido —toca reconocerlo— el primero en proclamar el universal monoteísta. Olvidando el insoluble asunto del linaje y la herencia recibida,[6] el concepto de lo «judeocristiano» —así, sin más distinción— con el que Occidente repatria, por decirlo de algún modo, sus raíces, hace que parezca que ha sido Occidente el que ha acuñado el concepto de lo universal. Esta apropiación, ahora considerada evidente por las conciencias colectivas occidentales, tiene, es cierto, antecedentes que la han venido preparando desde hace mucho tiempo y

6. Sobre el asunto de la herencia, véase el análisis del filósofo israelí Yeshayahu Leibovitz. El anciano estudioso recordaba que «el cristianismo se presenta como [...] heredero del judaísmo, pero no puede heredarse de alguien que no ha muerto». La obstinación del cristianismo por reivindicar la herencia judía es, por tanto, harto sospechosa. Véase al respecto «Un entretien avec Yeshayahou Leibovitz: "Il faut désacraliser l'État"», *Le Monde*, 13 de octubre de 1992.

que deben buscarse, entre otras cosas, en la cristología. De hecho, la cristología puede interpretarse como una tentativa de supresión del judaísmo en favor del nuevo mensaje, mediante la relectura del pasado judío a la luz de Cristo, para eliminar así toda autonomía «y reducirlo a una lógica de prefiguración», para convertir lo que denomina el Antiguo Testamento en «un borrador, una expectativa» a la que solo ella puede poner fin. «Esto se ve con claridad en la "fabricación" del mito de la reina de Saba, que anuncia la venida de Cristo y la invención de la Cruz.»[7] Por su parte, el filósofo Pierre Manent ve en esa «pretensión de la Iglesia cristiana de convertirse en el nuevo y verdadero Israel» la expresión de una «"teología de la sustitución", según la cual la Iglesia podía ocupar todo el lugar de Israel, para sustituirlo sin dejarle nada más que la humillación de su ceguera».[8]

Así, cuando no puede ser rechazado como algo completamente ajeno —como sucede en el caso del

7. Véase al respecto el interesante análisis de Mohamed Kacimi en la conferencia que dio el 25 de abril de 2025 en Omán sobre «Las metamorfosis de la reina de Saba», en la que habló de la historia de este mito y, en particular, de su apropiación por la cristología. Mis citas están sacadas de este texto.

8. En «¿Ha muerto Dios? Conversación entre Pierre Manent y Alain Finkielkraut», coloquio organizado por *Le Figaro* el 27 de octubre de 2022.

judaísmo—, lo Otro es absorbido con todas sus propiedades para negar de este modo su existencia como ente autónomo.[9]

---

9. Un buen ejemplo de este intento de fagocitación es el tratamiento que se da en el libro de historia de los alumnos de último curso de Antoine Bonifacio (*Histoire. Classes terminales*, Hachette, París, 1962), donde leemos: «Occidente no sería lo que es sin la impronta judeocristiana. La revolución de la Cruz le otorga la tercera dimensión que le faltaba: el sentido de lo espiritual, la sed de justicia y el espíritu de caridad». Aquí, la «revolución de la Cruz» incluye inequívocamente a todo el judaísmo.

UNA MÁQUINA DE EXPULSIÓN

Insertado en el núcleo duro de la identidad occidental, y solo de ella, lo «judeocristiano» permite a Occidente encubrir parte de su historia, pero también funciona como una máquina de expulsión. Pues, gracias a este constructo, el islam, la tercera religión de la revelación abrahámica, queda ahora excluido de esta y del universal monoteísta que hemos convertido en precursor de los derechos seculares y, en consecuencia, de la modernidad misma. Salvo en contados círculos ecuménicos con poco público, a ningún usuario de ese objeto de uso corriente que es «lo judeocristiano» se le ocurriría incluir en él al islam, ni siquiera ver parecidos entre uno y otro. Da igual que —en cuanto a la práctica religiosa, las prohibiciones que la acompañan y la legislación relativa a la familia— el islam esté más cerca del judaísmo de lo que cualquiera de los dos lo está del cristianismo, da igual que se inspirara en él en gran parte, y da igual que el texto coránico esté plagado de referencias a las dos revelaciones que lo precedieron...; nada de esto importa.[1] En el Corán, sin embargo, se cita a los principales protagonistas y a todos los profetas de la Biblia. El nombre de Abraham es omnipresente, aparece sesenta y siete veces en veinticinco suras, mientras que el del profeta Mahoma solo se menciona cincuenta y una veces. María es también la mujer más citada y venerada. Una sura entera está dedicada a ella. Y solemos olvidar que el arcángel Gabriel —el mismo que detiene el brazo de Abraham cuando este se dispone a sacrificar a su hijo, el que anuncia a María que será la madre de Cristo— es quien transmite el Corán a Mahoma unos siglos después. Por último, el uso del hebreo y del árabe, lenguas hermanas, está a la orden del día entre los comentaristas de los textos icónicos de las dos religiones.

En el plano histórico, los estudiosos han demostrado una y otra vez que la Arabia del siglo VII era una parte integral del mundo de la Antigüedad tardía, heredera de Roma, marcada por las guerras entre persas y bizantinos, tierra predilecta para las hostilidades entre judíos, zoroastrianos, paganos y cristianos de las diversas

1. Sobre los parecidos y las diferencias que hay entre las tres religiones, véanse las interesantes ideas de Roger Arnaldez, *Trois messagers pour un seul Dieu*, Albin Michel, París, 1991; Fethi Benslama, «La répudiation originaire», *Cahiers intersignes*, núm. 13, otoño de 1998; Meir M. Bar-Asher, *Les juifs dans le Coran*, Albin Michel, París, 2019.

Detalle de una miniatura del *Compendio de crónicas*
escrito por el estadista, médico e historiador persa Rashid
al-Din Hamadani a principios del siglo xiv, donde se muestra
a Mahoma recibiendo su primera revelación del
arcángel Gabriel.

iglesias de la época. Lejos de ser una religión nueva desligada de las que la precedieron, el islam entronca claramente con las corrientes espirituales de la época de su nacimiento, arraigado en una cultura común que implica profundas afinidades con las diversas corrientes del cristianismo y el judaísmo.[2] En cuanto al Imperio musulmán que nace tras la muerte de Mahoma en 632, se vio obligado a gobernar a los pueblos conquistados sin apenas experiencia. Para ello, los primeros califas, luego los omeyas, y los abasíes después de ellos, recurrieron a las civilizaciones que mejor conocían y tomaron prestadas del derecho bizantino y luego sasánida, así como del derecho canónico cristiano, las regulaciones que les permitieron administrar sus nuevos territorios.

Posteriormente, sobre todo a partir del siglo XII, las universidades europeas se vieron profundamente influenciadas por la difusión del pensamiento del filósofo andaluz Ibn Rochd (Averroes), el mayor comentarista medieval de Aristóteles. Paradójicamente, no fue en el mundo musulmán donde su racionalismo cobró más fuerza, sino en Europa, bajo el nombre de averroís-

2. Véase al respecto *Le Coran des historiens*, obra editada por Mohammad Ali Amir-Moezzi y Guillaume Dye, Éditions du Cerf, París, 2019. El primer volumen, *Études sur le contexte et la genèse du Coran*, ofrece un rico panorama del contexto histórico, filosófico y religioso en el que surgió el Corán.

mo. Oriundo de la España musulmana y conocido, entre otras cosas, por la mediación y traducción de pensadores judíos de Cataluña y Occitania, Ibn Rochd es incluso considerado por algunos historiadores como el precursor del pensamiento renacentista secular. En cualquier caso, sigue siendo el ejemplo más convincente de una intensa circulación de conocimiento entre la España judeomusulmana y la Europa cristiana, que el actual binomio judeocristiano se empeña en borrar de la memoria colectiva.

En lugar de darle cabida en la larga historia de las sucesivas encarnaciones del monoteísmo, el universal judeocristiano —del que Occidente se reclama amo y señor— relega, pues, al islam a una alteridad construida políticamente, y le marca un territorio, el de la especificidad. Así, la existencia de la triada abrahámica, suponiendo que se la reconozca, queda estrictamente limitada a las esferas religiosa y académica. No trasciende ni al ámbito cultural ni al político, terrenos en los que la ruptura de las tres versiones de la revelación refuerza la frontera entre el Norte, patria de las dos primeras, y el Sur, donde se instala la tercera.

Ahora bien, no debemos achacar únicamente esta exclusión —que hoy llega al paroxismo de haberse convertido en una expulsión del mundo civilizado en toda

Iluminación del pintor Jean Fouquet incluida en las *Crónicas de Saint Denis* del siglo XV, que representa la muerte de Roldán en la batalla de Roncesvalles en el año 778.

regla— al concepto de lo judeocristiano. En realidad, posee una larga historia previa. Desde que, a principios del siglo VIII, el islam arribó a las costas meridionales de Europa, los reinos que iban a ser conquistados —los de la España visigoda, pero no solo ellos— lo tomaron como una amenaza, algo comprensible, por otra parte. Y así, desde muy pronto, la cristiandad vio en el islam a un temible rival, y con razón. Si consideramos las tres versiones sucesivas del monoteísmo, estaremos de acuerdo en que su primera rama, el judaísmo, formuló la moral universal a la que todos se adscriben, pero siguió siendo una religión tribal reservada para el pueblo que Dios habría elegido. Tuvo un momento proselitista entre los siglos I y III, pero no tardó en volver al ámbito comunitario del que en realidad no ha salido. Por el contrario, el cristianismo primero y luego el islam mostraron inmediatamente una pretensión universal, dirigiéndose a todos los hombres sin distinción de afiliación. Es lógico, pues, que chocaran, porque querían arrebatarse el monopolio del universalismo religioso y del reparto de los bienes de la salvación. Esta rivalidad mimética se ha extendido no solo al ámbito confesional, sino también al imaginario colectivo y a la literatura de ambos bandos.[3]

3. La expresión «rivalidad mimética» es de René Girard.

Aunque en algunos periodos se haya tenido una visión más positiva de esta religión y de su profeta, durante siglos, estigmatizar el islam se convirtió en un auténtico género literario europeo, incluso cuando tocaba tergiversar la historia, como ocurre en el celebérrimo *Cantar de Roldán*, donde, por necesidades de la cristiandad, los vascos se convierten oportunamente en sarracenos, contra los que nuestro intrépido héroe combate en las estribaciones pirenaicas.

Salvo escasas excepciones, la literatura y el pensamiento europeos de todas las épocas están plagados de opiniones negativas sobre una religión que se considera profundamente ajena a la cultura y a la espiritualidad del continente. Desde Chateaubriand, que a principios del siglo XIX no dudaba en afirmar que «el espíritu del mahometismo es la persecución y la conquista; el Evangelio, en cambio, solo predica la tolerancia y la paz»[4] —corriendo así un tupido velo sobre todas las conquistas y matanzas llevadas a cabo en nombre de la Cruz—, hasta los detractores actuales, el filón no se ha agotado. En 2016, el Instituto Montaigne analizó las portadas de los principales semanarios galos. Según este estudio, todas

4. Citado en Alain Ruscio (ed.), *Regards français sur l'Islam. Des croisades à l'ère coloniale*, Éditions du Croquant, París, 2021.

Portada de *Le Figaro Magazine* del 21 y 22 de marzo de 2025, cuyo titular y subtítulo rezan: «Viaje a Belgiquistán. Cómo el islam se ha impuesto en Bélgica».

las semanas una revista dedicaba la portada al islam, al que invariablemente presentaba como violento y lleno de odio. La retórica visual de estas publicaciones recurre siempre a los mismos elementos: sobre un fondo apagado se ven fotos de hombres armados, líderes con turbantes y sables; grandes caracteres y colores vivos contrastan con el fondo oscuro. Estos temas tienden a tratarse con un mismo tono y texto e imágenes que transmiten amenaza, alarma e inquietud.[5]

Durante el largo periodo en el que ocupó un lugar central en la literatura europea, el orientalismo, moda que tuvo como principal efecto el de folclorizar la cultura y las costumbres de la vasta región de lo que se suponía que era Oriente, pocos escritores y pensadores se distinguieron por el deseo de comprender cabalmente la riqueza de las civilizaciones de esa región. Con su *Diván de Oriente y Occidente*, Goethe fue uno de los pocos escritores de su época que se inspiró poética y filosóficamente en Oriente sin caer en el sesgo orientalista que impregnaba las obras de sus contemporáneos y sucesores. Es una excepción en medio de los muchos estereotipos entonces en boga.

5. Las revistas en cuestión son: *L'Express*, *Le Nouvel Observateur*, *Marianne*, *Le Point*, *M le magazine du Monde*, *Le Figaro Magazine*. *Un islam français est possible*, Institut Montaigne, informe publicado en septiembre de 2016.

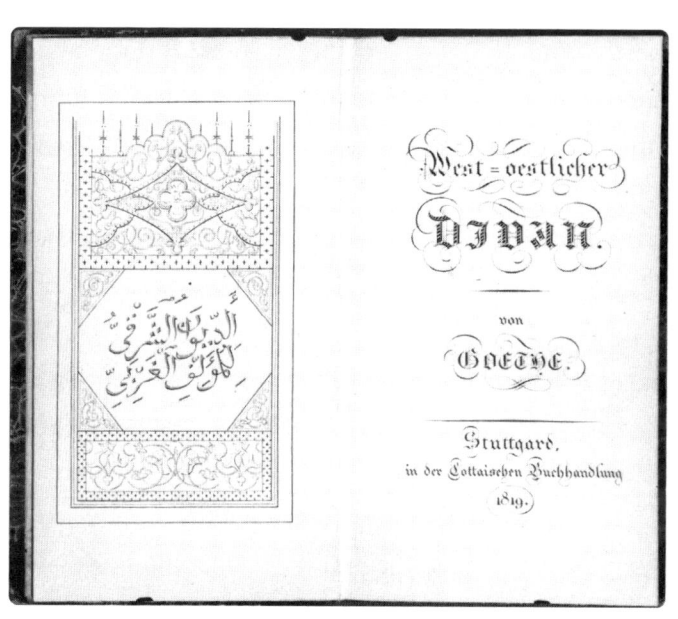

Primera edición del *Diván de Oriente y Occidente*
de Johann Wolfgang von Goethe, 1819.

En todo caso, esta ruptura entre cristianismo e islam no se ha producido siempre por las mismas razones ni ha tenido los mismos componentes. Creo que si se ha agrandado a partir del siglo XIX es por dos razones principales, una de la cuales viene del Sur y la otra del Norte. Durante siglos, la rivalidad entre los dos grandes mesianismos, el cristiano y el musulmán, se limitó al ámbito religioso y ambas partes manejaban referencias familiares. Según unos, Mahoma era un impostor; según otros, los cristianos cometían un error al no reconocer el cumplimiento de su profecía. Es cierto que abundantes rasgos culturales y costumbres separaban las dos orillas del Mediterráneo, pero, por muy diferentes que fueran, los adversarios recurrían a repertorios conocidos para deslegitimar al otro. Sus respectivos baremos de verdad no eran irreconciliables y, cuando el interés político lo exigía, el cristiano podía unirse al mahometano para luchar contra otro soberano católico, como hizo Francisco I, para quien Carlos V era una amenaza mucho mayor que el sultán otomano Solimán, con quien se alió. Todo esto cambia en el siglo XIX, cuando Europa se vuelve laica. Aunque suceda de distintas maneras, lo religioso deja de constreñir la vida pública con su lógica y sus preceptos. Sus jerarcas y gestores son relegados al desempeño de funciones eclesiásticas. Laica o simplemente secularizada, la vida de la sociedad europea ya no obedece las leyes de Dios y empieza a atenerse únicamente al dictado de los hombres.

Nada de esto sucedió al otro lado del Mediterráneo. Por importantes que fueran, los episodios reformistas que, a partir de la década de 1830, marcaron la vida política otomana, y la de algunas de las provincias del imperio que se habían vuelto más o menos autónomas, apenas mermaron la hegemonía de lo religioso. La referencia coránica siguió siendo dominante y, en contraposición al secularismo de algunos pensadores de finales del siglo XIX, una parte del movimiento *Al-Nahda*[6] abogó por un retorno a las fuentes del islam para protegerse del imperialismo europeo, entonces en plena expansión. Se abrió entonces una brecha entre las sociedades del Norte, que se habían secularizado, y sus homólogas del Sur, que seguían gobernadas por la ley divina, es decir, por las diferentes versiones del derecho positivo musulmán. En el fondo, se enfrentaban dos regímenes de verdad que no podían coincidir en ningún ámbito. Por eso creemos

6. *Al-Nahda*, «Renacimiento» o «Despertar árabe», fue un importante movimiento intelectual que se extendió por el mundo musulmán a finales del siglo XIX y principios del XX, y que se planteó la cuestión de la relación con la modernidad. Sus dos figuras más destacadas fueron Jamal al-Din al-Afghani y Mohamed Abdou.

que, para comprender esta profunda brecha, contraponer secularización y religión nos será más útil que considerar la rivalidad, en última instancia banal, entre dos propuestas de redención religiosa. Esa ruptura nunca ha dejado de existir, pese a la fascinación que el islam ejerce en muchos literatos e incluso políticos europeos, fascinación que, en la literatura orientalista, guarda estrecha relación con la noble virilidad y el sentido del honor que se les atribuye a los señores beduinos.[7]

Esta expulsión del islam tenía también otro objetivo, prioritario a partir de la década de 1830: servir al imperialismo europeo y a la colonización. Como era la religión mayoritaria de los pueblos que vivían en la orilla sur del Mediterráneo, es decir, al sur de la civilización, el islam debía ser relegado al estatus de alteridad inalterable y, de ser posible, debilitado por las iniciativas misioneras que acompañaron la conquista y luego la ocupación. Es bien sabido el poco éxito que tuvieron los intentos de conversión, tanto en el Magreb como en las regiones del Sudán y del Sahel. En todo caso, el islam quedó marcado como esa religión de la que había que

7. La imagen con la que se presenta al emir argelino Abdelkader ilustra esta mitología. Aunque fue adversario de Francia, que lo derrotó, el emir aparece en la literatura de la época y luego en los libros de texto del periodo colonial como un hombre de honor y de palabra, digno en la derrota.

liberarse para ascender en la escala de la humanidad. Expulsado del ámbito político en Europa, aquí el cristianismo se ponía al servicio de los colonizadores y proclamaba en ultramar su superioridad sobre el islam, religión que, en muchos aspectos, era producto de una mentalidad primitiva. El representante más emblemático de esta escuela de pensamiento sigue siendo, claro está, Ernest Renan, gran erudito, biógrafo de Averroes, especialista y detractor de las civilizaciones llamadas semíticas, de las que no dejó de burlarse en su obra: «Cualquier persona mínimamente instruida en los asuntos del día ve claramente la inferioridad actual de los países musulmanes, la decadencia de los Estados gobernados por el islam y la incapacidad intelectual de las razas que únicamente derivan su cultura y educación de esta religión».[8]

La negativa de Europa a aceptar su faceta oriental ha caracterizado la construcción progresiva de su historia y se ha convertido en uno de los ejes principales de la versión que se elaboró a partir del siglo XIX. Explicar

8. Ernest Renan y Jamal al-Din al-Afghani, *La controverse sur l'islam et la science*, Éditions Thierry Marchaisse, París, 2015. Esta obra reúne la conferencia que pronunció Renan en 1883, la respuesta que dio Al-Afghani y la réplica final de Renan. Según este último, la inteligencia de Al-Afghani, cuya mente racional elogia, se debe a que no es semita, sino ario, pues el filósofo reformista es oriundo del norte de Irán.

esta negativa requeriría largas consideraciones que exce-
den el objeto de este ensayo. Nos limitaremos a apuntar
que Europa quiere creer que se engendró a sí misma: si
tenemos en mente que esta idea de haberse engendrado
sola es la base del discurso europeo actual, comprende-
remos la necesidad que sintió de borrar toda aportación
recibida de Oriente. Para seguir el itinerario de esta occi-
dentalidad excluyente basta con seguir las etapas de la
ampliación de la Unión Europea. En su creación, en 1957,
estaba limitada a los seis Estados más occidentales, geo-
gráficamente hablando, de la Europa continental, pero
desde 1975 ha experimentado una constante expansión
hacia el este, acelerada con la caída de la Unión Soviética y la integración de la mayoría de los Estados que for-
maban parte de su órbita. Grecia se había embarcado en
este proceso negando toda huella de otomanismo en la
formación de su identidad, que según la versión oficial
va directamente de la Antigüedad helénica a la nación
actual, con lo que se falsea flagrantemente la historia
real. Hoy, esta Europa oriental y balcánica, donde durante siglos se mezclaron Oriente y Occidente, donde Bizan-
cio dejó huellas indelebles, donde lenguas y topónimos
llevan la impronta de una larga convivencia —ya pací-
fica, ya beligerante—, reniega ahora de una gran parte
de sí misma, como si este fuera el precio que debe pagar

para integrarse en el mundo civilizado. La civilización judeocristiana que reivindican algunos de los Estados más antisemitas de Europa es como una especie de pasaporte que permite acceder a esta integración.

A mediados de la década de 1970, concluido el largo episodio colonial, se abrió un nuevo capítulo en las relaciones entre el islam y Occidente. La reconstrucción de Europa occidental después de 1945 requirió mano de obra. Gran parte de ella se importó de las colonias y de países bajo influencia europea. La mayoría de estos inmigrantes eran musulmanes y llegaron sin intención de quedarse. Pero se quedaron, formaron familias y tuvieron hijos. Desde hace cuarenta años, el islam se ha convertido en una religión europea o, mejor dicho, y aquí está el problema, en una religión que se ha instalado en Europa, pero que parte de la población europea considera ontológicamente extranjera.[9] Al ser tierra de inmigrantes, Estados Unidos apenas se preocupó del islam hasta finales del siglo XX; antes bien, hasta la caída de la Unión Soviética, estableció estrechas alianzas con movimientos fundamentalistas, a los que lo unía la cruzada

9. El islam fue europeo en tiempos de la España musulmana, entre los siglos VIII y XV. La mayor parte de Sicilia también fue musulmana bajo las dinastías aglabí y fatimí. Incluso hoy, algo que a menudo olvidamos, el islam europeo sigue presente en los Balcanes, sobre todo en Albania y Bosnia.

anticomunista. El espectacular atentado yihadista del 11 de septiembre de 2001 lo cambió todo, claro está. Ahora, los musulmanes de ambos lados del océano Atlántico, sean quienes sean y vengan de donde vengan, son, al parecer, demasiado diferentes para ser occidentales y, por tanto, incapaces de integrarse de ninguna manera en ese mundo judeocristiano que sigue siendo específico de Occidente.

A partir de la década de 1970, ha contribuido sin duda a este fenómeno la expansión progresiva de la versión más radical del islam, hecha por la propaganda wahabí y por los intérpretes más extremistas de la doctrina. Gracias a una generalización que incluye todo tipo de miedos y rechazos, el islam en conjunto se ha convertido en sinónimo de yihad, de atentados asesinos, de muchedumbres que rabian contra un Occidente al que los líderes religiosos les ordenan odiar. De ser esos posibles chivos expiatorios que todas las épocas de crisis producen, los inmigrantes y los descendientes de inmigrantes que pertenecen a esta confesión han pasado ahora a tener la poco envidiable condición de enemigo interno para buena parte de la opinión pública occidental y su clase política.

Por otro lado, el trato que las potencias occidentales dan al islam acentúa la fractura. En este sentido, Francia es un ejemplo casi caricaturesco. Desde hace muchos años, y sobre todo en la década de 2020, se reprocha a los musulmanes su «comunitarismo», y a tal efecto se han promulgado leyes para impedir lo que la mayoría de la clase política considera una clara voluntad de apartarse de la República y negar los valores de esta. Bajo este prisma, la menor señal de práctica religiosa se percibe como un peligro y no es de recibo que esas señales se muestren en público. No quiero restar importancia al problema que representa el salafismo, cuyos adeptos están dispuestos a desafiar la ley común para aplicar la suya, que creen dictada por Dios. Es un problema real y se convierte en un peligro mortal cuando los fieles de este movimiento pasan a la acción violenta y al asesinato en masa contra sociedades a las que les han enseñado a odiar. Lo que conviene destacar es el doble rasero que aplican los poderes públicos, según la religión de la que se trate. Si tenemos en cuenta —y por qué no íbamos a tenerlo en cuenta— que todo comunitarismo puede convertirse en separatismo y amenazar la cohesión de los ciudadanos en torno a sus instituciones, convendría movilizarse contra todas sus manifestaciones, vengan de donde vengan. Pues bien: si nos fijamos en el trato que se da a la tercera religión de Francia, el judaísmo, vemos un panorama muy diferente. Dejando de lado sectas como la de Lubavitch, en cuyas escuelas solo enseñan la Torá, pasando olímpicamente por alto las leyes de la República, instituciones comunitarias como el CRIF (Consejo Representativo de las Instituciones Judías de Francia) son celebradas por todos los gobiernos, sean del color político que sean, hasta el punto de que los más altos dignatarios del Estado acuden corriendo a la cena que dan todos los años. Sus defensores argumentan que, a diferencia del comunitarismo musulmán, el judío no pone en peligro la República. Es innegable que ni la violencia física ni los atentados forman parte del arsenal del judaísmo francés —ni del occidental, en general—, cuyos sectores más rigoristas transigen con el entorno secular. Pero este comunitarismo supone en muchos casos una doble lealtad: a Francia, por supuesto, pero también al Estado de Israel, al que sus instituciones apoyan incondicionalmente. Y las autoridades no ven nada malo en ello, sino todo lo contrario.

Así, en 2017, para conmemorar el 75 aniversario de la redada del Velódromo de Invierno, el presidente francés consideró oportuno invitar al primer ministro israelí. Con esto cometió Macron un error y una falta. Al implicar a Benjamin Netanyahu en un acontecimiento puramente francés, dio a entender que Israel puede intervenir en cualquier asunto que afecte a los judíos y convirtió a este Estado en el representante legítimo de aquellos. Asignó así una doble identidad a los judíos franceses, negándoles por tanto su condición de franceses de pleno derecho. Es una vieja constante del antisemitismo: un judío nunca es realmente francés, ni ciudadano de ningún país; es, ante todo y a veces únicamente, judío. Por supuesto, Macron no es antisemita, pero el hecho de mezclar a Israel con una conmemoración francesa nos recuerda inconscientemente todo el antisemitismo europeo. Unos años después, en 2025, en el transcurso de la cena que dio el CRIF, deseoso de manifestar su amor inquebrantable a los judíos, con un tono que seguramente pretendía sonar espiritual, pero que estaba en la misma línea, François Bayrou, el entonces primer ministro, habló de la «íntima afinidad» que tenían el «alma judía» y el «alma francesa», con lo que daba a entender que no eran lo mismo.[10] Y así, el acendrado filosemitismo de la clase política europea y norteamericana, incluida la extrema derecha, funciona como un reflejo invertido del viejo antisemitismo. Volveremos sobre el hecho de que en el fondo son dos caras de una misma moneda, la de la excepcionalidad judía, ya vista de manera negativa o positiva.

10. *Le Monde*, 5 de julio de 2025.

Sin embargo, en Francia y en otros países de Europa y América, hay asociaciones de amistad y ayuda mutua que demuestran la proximidad que existe entre las tres confesiones y la posibilidad de que sus fieles puedan convivir pacíficamente. Solo en Francia existen decenas, tanto a escala nacional como regional. En particular, los católicos vienen desempeñando un gran papel en el fomento de las relaciones interreligiosas desde la creación del grupo Amitié Judéo-Chrétienne de France (Amistad Judeocristiana de Francia) en 1948 y, posteriormente, del Groupe de Recherche Islamo-Chrétien (Grupo de Investigación Islamocristiana) en 1977. Tampoco han faltado iniciativas en favor del diálogo entre judíos y musulmanes. La asociación Amitié Judéo-Musulmane de France (Amistad Judeomusulmana de Francia) se creó en 2004 y desde entonces le han seguido otras.[11] Pero estos intentos de acercamiento y, sobre todo, de deconstrucción del discurso dominante solo llegan a minorías incapaces de acallar la opinión comúnmente admitida. Sea como sea, el judeocristianismo es un objeto político y ni toda la buena voluntad del mundo ha podido hasta ahora neu-

---

11. Véase al respecto Martine Cohen y Samuel Everett, *Panorama des initiatives en faveur du dialogue judéo-musulman. Rapport de fin d'enquête pour la Direction des libertés publiques et des affaires juridiques*, París, abril de 2020.

tralizar su uso en el ámbito de las relaciones de poder nacionales y mundiales. Porque, en última instancia, esta construcción política beneficia a demasiadas personas como para clasificarla oficialmente como una mentira.

UNA MENTIRA CONVENIENTE

En realidad, si este fenómeno de anexión y exclusión ha tenido el éxito que se ha descrito es porque, más allá de Occidente, todos los protagonistas se han apoderado del objeto para llevar su instrumentalización hasta el extremo.

La otra exclusión

Al profuso empleo de este objeto han contribuido los Estados de la región árabe-turco-iraní, que lo han utilizado sistemáticamente para justificar su nacionalismo y su lucha contra Israel. Así, la «conspiración judeocristiana», cuya ilustración más escandalosa fue la creación del Estado hebreo —un cuerpo extraño alojado a la fuerza en el corazón del *Dar al-Islam*—, se ha convertido en un elemento clave del discurso antioccidental de la región.[1]

1. En la época actual, la expresión «conspiración judeocristiana» empieza a usarse a principios de la década de 1920, con la caída del califato, que los ulemas ultraconservadores del moribundo Imperio otomano creen obra de una conspiración judeocristiana. Véase Gema Martín Muñoz, *El Estado árabe: crisis de legitimidad y contestación islamista*, Bellaterra, Barcelona, 1999.

De Irán a Marruecos, todos los componentes del universo islamista llevan décadas usando esta idea. Lo «judeocristiano» es el poderoso y temible enemigo cuyo único fin es debilitar el islam, la última y más perfecta de las profecías, la única con derecho a reinar sobre el mundo. A la occidentalización del «judeocristianismo» se opuso su demonización, por parte de un islam encerrado en sus particularidades y reacio a reconocerse en un universalismo con el que, sin embargo, podía reivindicar vínculos legítimamente.

Los nacionalistas árabes y los islamistas vieron en el concepto de lo judeocristiano una herramienta muy útil para oponerse a la intervención imperialista en una región que, al menos desde finales del siglo xviii, Occidente ansiaba. También es cierto que el sionismo cristiano, implantado desde hace tiempo en Europa y en Estados Unidos, y cuya fuerza no ha dejado de crecer desde el último tercio del siglo xx, ha dado sobrados argumentos a aquellos que opinan que existe una conspiración judeocristiana destinada a debilitar el mundo árabe-musulmán.

Al contrario de lo que comúnmente se cree, este sionismo particular es muy anterior al sionismo judío que nació a finales del siglo xix, tras el caso Dreyfus y con los pogromos antijudíos llevados a cabo en la «zona de asentamiento». Ya en el siglo XVII, los emigrantes británicos que desembarcaron en las costas de Norteamérica, con la Biblia en una mano y el rifle en la otra, se identificaron con el pueblo de Israel que huía del faraón, pues ellos abandonaban una Inglaterra en la que se reprimía enérgicamente a las sectas protestantes a las que pertenecían. Esta afinidad mítica creó una corriente favorable a la «restauración» del pueblo judío en la tierra de Israel, que en el siglo XIX desempeñó un importante papel político en Gran Bretaña y Estados Unidos, hasta el punto de que muchos miembros de esa corriente ocuparon cargos destacados en los aparatos dirigentes de estos países. Lord Balfour, autor de la famosa declaración de 1917 que allanó el camino para la creación de un hogar judío en Palestina, se declaraba «sionista».[2] Ahora bien, paradójicamente, podemos calificar de antisemitas a estos ardientes defensores del «retorno a Sión» de los judíos, porque las corrientes religiosas a las que pertenecen basan su retórica en una lectura literal de las Escrituras, según la cual las profecías no se cumplirán hasta que todos los judíos se asienten en Tierra Santa, donde se

2. Véase, entre otros, Jacques Pous, *L'invention chrétienne du sionisme. De Calvin à Balfour*, L'Harmattan, París, 2018, y el primer capítulo de la obra de Jean-Pierre Filiu, *Comment la Palestine fut perdue, et pourquoi Israël n'a pas gagné. Histoire d'un conflit (XIXᵉ-XXIᵉ siècle)*, Seuil, París, 2024.

convertirán al cristianismo, requisito imprescindible para que se produzca la segunda venida de Jesús. Dicho más prosaicamente, el sionismo de líderes británicos como Arthur Balfour y su secretario de Estado para las Colonias, Joseph Chamberlain, que querían facilitar la colonización judía de Palestina, respondía también al interés de limitar la inmigración judía en su propio país. De este modo, reforzaron la convicción de Theodor Herzl de que los antisemitas serían los mejores aliados del proyecto sionista. Una vez más, el filosemitismo bíblico o secular de parte de las élites occidentales resulta ser otra forma de antisemitismo, aunque en este caso solapada. Sea como sea, esta corriente, cuya influencia ha aumentado con el ascenso contemporáneo del evangelicalismo en el área protestante, ha alimentado en el mundo árabe-musulmán la creencia de que existe una conspiración en su contra.

Sin embargo, el uso generalizado del binomio judeo-cristiano en el mundo árabe-musulmán, que parece una verdadera apropiación, no es solo de orden reactivo. Por un proceso inverso al seguido en Occidente, también lo ha empleado para expulsar de sí su parte judía. La designación del judeocristianismo como un hecho cultural exclusivamente occidental ha permitido enterrar allí lo judeoárabe y lo judeomusulmán, censurar la existencia histórica del judaísmo oriental e intentar borrar sus huellas de la memoria colectiva. Sin embargo, hasta la época colonial, judíos y musulmanes convivieron en tierras islámicas de una manera mucho menos violenta que en la cristiandad. Es verdad que, como los cristianos, también *Ahl al-Kitab*,[3] los judíos estuvieron sometidos a leyes discriminatorias en una época en la que los conceptos de ciudadanía e igualdad no existían en ninguna parte del mundo, y las desigualdades de estatus jurídico estaban a la orden del día. Y es verdad también que, en el vasto *Dar al-Islam*, no dejó de haber violencia antijudía. Pero en ningún momento de esta larga convivencia llegó a tener dicha violencia el carácter sistemático y cruento que tenía en Europa. La semejanza de modos de vida y rituales y el uso de la misma lengua tejieron lazos que se aflojaron en el siglo XX y han acabado por romperse en el presente.[4]

Esto es lo que ha querido olvidar el mundo árabe-musulmán. Expulsado del universalismo occidental, también él ha utilizado el judeocristianismo para excluir

---

3. En traducción literal, «las gentes del Libro», los seguidores de las religiones que, en parte, comparten un corpus de escrituras o doctrinas con el islam y solo han recibido una parte de la Revelación.

4. Véase, entre otros, Abdelwahab Meddeb y Benjamin Stora (dir.), *Histoire des relations entre juifs et musulmans des origines à nos jours*, Albin Michel, París, 2013.

y ocultar. A finales de la década de 1940 vivían en esta región alrededor de un millón de judíos. Hoy casi han desaparecido por completo, quitando dos pequeñas comunidades en Marruecos y Túnez[5] y unos pocos miles de judíos que residen en Turquía y en Irán, en total no más de treinta mil personas. Es verdad que la Agencia Judía, brazo secular de la política de inmigración, primero del Yishuv[6] y luego del Estado de Israel, trabajó activamente en la *aliá*[7] de los judíos de Oriente, y no podemos subestimar la responsabilidad que tuvo en que esos judíos partieran. Pero si la actividad de esta agencia no hubiera coincidido con el deseo de deshacerse de ellos que tenían los Estados que acababan de independizarse o estaban gobernados por regímenes nacionalistas, cuya identidad se basaba en pertenecer al islam y/o a lo árabe, seguramente esa emigración solo habría afectado a una minoría de los «judíos árabes», sin el carácter masivo que tuvo en todas partes. En este sentido, los dos nacionalismos, el sionismo y el nacionalismo árabe, se caracterizaron y siguen caracterizándose por rechazar obsesivamen-

5. Véase mi libro *Je vous écris d'une autre rive. Lettre à Hannah Arendt*, Elyzad, Túnez/París, 2021.

6. Nombre hebreo del hogar judío de Palestina.

7. La «ascensión» de los judíos a la Tierra Prometida.

te toda alteridad interna, toda diversidad que pueda corromper la pureza de unas identidades ilusorias. Han sido dos «enemigos complementarios» que han privado al mundo árabe de su parte judía.[8]

A pesar de que en Irak, Egipto o Túnez hay asociaciones, escritores y artistas que tratan de recuperar la memoria de estas minorías, porque consideran que se amputó un elemento fundamental de su cultura, la historia oficial no las menciona y, en muchos países, se encubren cuidadosamente los vestigios materiales de su antigua presencia, cuando no se niegan o se destruyen.[9] En esto destaca Argelia, cuyo antisemitismo de Estado sigue vigente desde su independencia. Una de las manifestaciones más clamorosas de este antisemitismo tuvo lugar en octubre de 2024, con motivo de la publicación de una obra académica titulada *L'Algérie juive, l'autre moi que je connais si peu* [La Argelia judía, ese otro yo que tan poco conozco], que abordaba la presencia judía en territorio argelino desde tiempos de los númidas. No solo la autora y el editor fueron detenidos, acusados de apolo-

8. Tomo esta expresión de Germaine Tillion, que la utilizó para describir las relaciones entre Argelia y Francia.

9. La excepción es Marruecos, cuya Constitución de 2011 habla de «la influencia hebrea» en la formación de la identidad marroquí.

gía del sionismo, sino que se desató una tormenta de insultos antisemitas en la prensa y en las redes sociales. A buena parte de la clase política argelina y a amplios sectores de una población educada en este negacionismo, la mera idea de que los judíos pudieron formar parte de la identidad argelina les resulta insoportable.[10]

Así, puesto que Occidente es judeocristiano, el Oriente árabe-turco-iraní deberá ser lo contrario. Es verdad que el cristianismo no ha desaparecido del mundo árabe, pues, a diferencia del poco peso demográfico de los judíos, las minorías cristianas eran numéricamente demasiado importantes para que se las tratara de la misma manera. Además, muchos de sus intelectuales estaban entre los principales ideólogos del nacionalismo árabe, pues lo consideraban un movimiento más inclusivo que la umma musulmana, a la que como está claro no podían pertenecer. Pero en muchos países de la región —de Irak a Siria, pasando por el Líbano y Palestina—, la proporción de cristianos ha disminuido drásticamente a causa de la discriminación de la que son objeto y de la reciente presión yihadista, que han provocado sucesivas

10. Sin embargo, en una entrevista concedida a principios de febrero de 2025 al diario francés *L'Opinion*, el jefe del Estado argelino criticó estos ataques y afirmó que «los judíos [...] forman parte de la historia del país».

oleadas migratorias, las cuales han acelerado el proceso de pertenencia de la región a una religión no ya hegemónica, sino casi exclusiva.

Occidente en el corazón de Oriente

Por su parte, el mundo judío se mantuvo inicialmente alejado, al menos en apariencia, de esta pareja improbable, a la que durante mucho tiempo fue el único que no sacralizó. La antigua susceptibilidad hacia el cristianismo, cuyo antisemitismo recordaban vívidamente los judíos, los llevó a ver con cautela lo que varios de sus pensadores consideraron una apropiación indebida de la herencia del judaísmo.

Pero la entrada de las élites judías en la modernidad europea a partir del siglo XIX cambió radicalmente la imagen que tenían de sí mismas. Como queda dicho, renegaron de su parte oriental y mostraron el más profundo desprecio por sus correligionarios orientales, cuya pertenencia al mundo musulmán los convertía en personas ajenas a la única civilización con la que los intelectuales judíos europeos se identificaban. Ya en *El Estado judío* insistía Theodor Herzl en el carácter exclusivamente europeo del proyecto sionista, que calificaba abiertamente de colonial, diciendo, entre otras cosas: «Si Su Majestad el Sultán accediera a cedernos Palestina, podríamos poner orden en las finanzas de Turquía. Para Europa, seríamos un bastión contra Asia y una avanzadilla de la civilización frente a la barbarie».[11]

Salvo contadas excepciones, todos los miembros primero del Yishuv y luego, a partir de 1948, del Estado de Israel se consideraron siempre un fragmento de Occidente implantado en Oriente. La reivindicación sionista del supuesto derecho de los judíos a volver a su tierra ancestral, situada en el corazón de esta región, no impidió a sus teóricos negar cualquier parentesco con las civilizaciones que vivían en aquella tierra. Producto del nacionalismo moderno y de una idea de Estado nación que concibió Europa; fundado y, durante las primeras décadas de su existencia, dirigido por representantes judíos de la intelectualidad europea, el Estado de Israel siempre ha querido ser occidental, siempre ha pretendido definirse en función de esta única pertenencia y se ha esforzado por conjurar todo peligro de orientalización. A tal efecto, sus élites se han apropiado de un discurso supremacista que se creó para justificar la dominación de otros pueblos. La población procedente del mundo árabe, que durante mucho tiempo fue ligeramente mayoritaria, vio cómo se la marginaba intelectual y

11. Theodor Herzl, *El Estado judío*, Editorial Israel, Buenos Aires, 1960.

DER

JUDENSTAAT.

VERSUCH

EINER

MODERNEN LÖSUNG DER JUDENFRAGE

VON

THEODOR HERZL

DOCTOR DER RECHTE.

LEIPZIG und WIEN 1896.
M. BREITENSTEIN'S VERLAGS-BUCHHANDLUNG
WIEN, IX., WÄHRINGERSTRASSE 5.

Primera edición de *El Estado judío* (1896),
de Theodor Herzl.

políticamente y se ninguneaba su cultura.[12] Documentos de archivo, libros y testimonios dan cuenta del inmenso desprecio del que fueron objeto estos mizrajíes al arribar a una tierra que les habían vendido como el destino al que la Biblia les había prometido regresar. Lo menos que podemos decir es que la acogida no estuvo a la altura de sus expectativas. Nada más pisar la que iba a ser su patria, estos judíos de Marruecos, de Yemen, de Irak y de otros lugares de Oriente fueron rociados con DDT, como si esta desinfección tan específica —cosa necesaria, dado el mundo del que procedían— debiera también depurar simbólicamente la parte oriental de su identidad. A continuación, y casi siempre contra su voluntad, los alojaron en las nuevas ciudades del Néguev que Ben-Gurión había ordenado construir a estos recién llegados para asegurar demográficamente las fronteras del Estado. Discriminados en materia educativa, pues se les orientaba a la formación profesional; relegados a empleos poco valorados; llamados peyorativamente el «Segundo Israel», eran además percibidos como una amenaza, pues se les acusaba

12. Esa población fue ligeramente mayoritaria hasta la inmigración, en la década de 1990, de aproximadamente un millón de judíos procedentes de la antigua Unión Soviética. Pero parece que su parte oriental está alcanzándolo, por el temible auge del fundamentalismo judío, cuyo parecido con el radicalismo islamista seguramente no es casual.

de «levantinizar» Israel, un peligro casi mortal para unas élites que solo se identificaban con Occidente.[13] En uno de sus textos, Hannah Arendt dice temer que Tel Aviv se convierta en una ciudad levantina. En efecto, aquellos judíos hablaban árabe y no yidis, e, ignorando a Chopin y a Mahler, tocaban la misma música que el enemigo árabe y con los mismos instrumentos. Marginados del «verdadero» Israel, sus hijos se rebelaron en varias ocasiones, en particular en 1971 con la revuelta de las Panteras Negras.[14] Odiaban a aquellos askenazíes socialistas y virtuosos que los humillaban con su condescendencia y por consiguiente votaron más y más a la derecha identitaria y religiosa, constituyendo desde finales de los años setenta la base electoral de una extrema derecha que no ha dejado de crecer. Por una de esas paradojas de la historia, los que podrían haber sido un puente ayudaron a construir muros.

Lo mismo ocurrió con los judíos etíopes que llegaron a finales de la década de 1980 y principios de la

13. Véase, entre otros, Haroun Jamous, *Israël et ses juifs. Essai sur les limites du volontarisme*, François Maspero, París, 1982.

14. Movimiento israelí de protesta de los inmigrantes originarios de Marruecos, que no debe confundirse con el movimiento revolucionario de liberación afroamericano que se formó en 1966 en California, del que, evidentemente, tomaron el nombre.

Una familia de judíos yemeníes se dirige al puerto de Adén,
desde donde partirá hacia Israel, en 1948.

Manifestación de las Panteras Negras de Israel
en la ciudad de Asdod en 1973.

siguiente. Obligados a vivir en condiciones precarias, relegados a los estratos más bajos de la sociedad, mientras que los rusos que llegaban por aquellos días eran acogidos con los brazos abiertos, y viendo que las autoridades religiosas cuestionaban su judaísmo, los etíopes también cargaron con el estigma de no ser occidentales y la segunda generación se rebeló contra este orden de cosas.

Tal es la paradoja de este Estado. Obsesionados con la posibilidad de que la población judía llegue a ser minoritaria en el territorio del antiguo mandato de Palestina, hoy casi totalmente colonizado, los dirigentes israelíes no dejan de fomentar la inmigración judía, proceda de donde proceda. Pero, al mismo tiempo, tratan de proteger al país que gobiernan del peligro de orientalizarse. Así ha contribuido Israel a generalizar el uso de la noción de lo judeocristiano, omitiendo para ello la parte oriental de su identidad, de la que reniega de manera casi absoluta, salvo en su vertiente folclórica, generalmente culinaria.[15] Solo algunos grupos marginales de inmigrantes magrebíes e iraquíes, demográficamente poco

---

15. A esto ha contribuido, sin duda, la política antijudía de los países árabes. Pero no solo ella. El movimiento de occidentalización del mundo judío coincide con la emigración de su diáspora a las democracias occidentales, en las que, aparte del Estado de Israel, reside ahora la inmensa mayoría de la población judía mundial.

representativos, intentan revivir un patrimonio literario, musical y lingüístico que, según el discurso dominante, fue residual y debió desaparecer cuando esa población se integró en el mundo cultural israelí. Y a sus intelectuales, incluso los que militan en el bando de la paz, les cuesta mucho situar a su país en un Oriente del que todo lo aleja, salvo la posición geográfica. Creen que el peligro de que Israel se orientalice solo puede conjurarse dando muestras inequívocas de pertenencia a la esfera occidental. Por consiguiente, todas esas muestras, sean las que sean, son bienvenidas. Para las corrientes políticas dominantes, que Occidente se apropie de lo judío es una forma de ligar el destino de Israel al mundo occidental y de reforzar, frente al enemigo árabe, una solidaridad basada en un firme eurocentrismo y que excluya las mismas cosas que este.

Con la llegada al poder de la extrema derecha supremacista, cuyo principal combustible es el odio a los palestinos y, en general, a los árabes, los dirigentes israelíes y la mayoría de los intelectuales se han apropiado definitivamente del judeocristianismo y ahora se erigen en sus grandes defensores. «Formamos parte de la cultura europea, [...] Europa termina en Israel», había afirmado ya en 2017 Benjamin Netanyahu ante algunos dirigentes europeos, queriendo hacer de Israel una especie de avanzadilla de la civilización judeocristiana. En su afán de destruir por completo el enclave desde que le declaró la guerra a Gaza en octubre de 2023, ha erigido a Israel en baluarte de Occidente con el fin de ganarse el apoyo incondicional de los países occidentales: «¡Nuestra victoria es vuestra victoria! Es la victoria de la civilización judeocristiana contra la barbarie. ¡Es la victoria de Francia!», proclamó el 30 de mayo de 2024 en el canal de noticias francés LCI, al que había sido invitado.

De este modo, la extrema derecha israelí, cuyo brazo secular y portavoz más ferviente es Benjamin Netanyahu, ha adoptado la retórica de la guerra de civilizaciones, contienda en la que se enfrentan el judeocristianismo —doctrina moral y cultural del mundo civilizado— y el islam, que ya no es una religión, sino la ideología mortífera que profesa la parte bárbara del mundo de la que si es preciso hay que protegerse mediante el uso redentor de la violencia, porque al parecer el lenguaje de la guerra es el único que entienden los fieles de esta confesión.

El hecho de que viejos conflictos históricos y, en menor medida, religiosos se desplacen así al terreno de la guerra de civilizaciones tiene como consecuencia que los políticos israelíes adopten el concepto judeocristiano, que durante mucho tiempo fue marginal para los judíos. Y también, y esto es quizá más importante, que este Estado pase ahora a formar parte del grupo de países gobernados por regímenes cuyo fundamento identitario es un racismo étnico-religioso que defienden poderes llamados, eufemísticamente, iliberales. Hoy día, Israel tiene afinidades mucho más profundas con la Hungría de Viktor Orbán, la India de Narendra Modi y con partidos neofascistas antisemitas que con gran parte de un mundo judío que forcejea con sus contradicciones y se interroga por el significado de lo judío en esta nueva identidad judeocristiana que quiere imponerles el Estado que dice representarlos a todos.

¿VOLVER A LAS RAÍCES?

En todo caso, esta última apropiación no resuelve el problema de la relación que tiene el judaísmo con Occidente. Porque lo que se desprende *in fine* de esa doble conversión, la de los poderes e intelectuales orgánicos occidentales al judeocristianismo, y la de un Israel que defiende con uñas y dientes este concepto relativamente nuevo, y que lo vincula para siempre a Occidente, es la continuación, bajo otras formas, de la creencia absoluta en la excepcionalidad judía. Como hemos visto, esa singularidad alimentó durante siglos un antijudaísmo basado en la tesis cristiana del pueblo deicida, y ahora alimenta un antisemitismo que el delirio nazi volvió ignominioso, pero no hizo desaparecer. Así, por diversas causas, el judío ha sido el eterno culpable, y aunque la naturaleza de sus crímenes no ha dejado de mutar, estos siguen siendo igual de graves. A partir del último cuarto del siglo XX, esta culpabilidad ha ido dando paso a un filosemitismo que ha alcanzado su cénit tras la matanza perpetrada por Hamás el 7 de octubre de 2023, y en el que la atroz reacción del poder israelí no ha hecho mella, sino todo lo contrario. Sería tedioso enumerar todas las medidas represivas que, tanto en Norteamérica como en Europa, sufren desde entonces quienes expresan su repulsa por la matanza que está cometiendo el Ejército israelí en Gaza. Las universidades de ambos lados del Atlántico, en las que muchos estudiantes se han movilizado en favor de los palestinos, han sido objeto prioritario de esta represión, que se ha extendido a otros sectores. La acusación de antisemitismo se usa *ad nauseam* para intentar acallar las voces que se alzan contra la indulgencia con la que los dirigentes occidentales asisten a una operación cuyo carácter genocida reconocen hoy incluso prestigiosas voces israelíes.

El problema estriba en que este nuevo filosemitismo se esconde en razones tan cuestionables y peligrosas como su vieja antítesis. Y es que defiende la misma premisa, la del carácter excepcional de la identidad judía. El judío nunca es como los demás, jamás será un ser humano normal y corriente, merecedor de la sana indiferencia de sus contemporáneos. Antaño objeto de oprobio, marcado por una culpa que nada podía expiar, hoy se ha transformado en un ser ontológicamente inocente, y nada, ningún crimen que se cometa en su nombre, logrará poner en duda esa inocencia. Por otra parte, la defensa casi incondicional por parte de Europa y Norteamérica de un poder israelí que es hoy culpable de cometer las peores atrocidades contra los palestinos y la población de los países de su entorno inmediato se sustenta en razones muy triviales, de orden económico y geoestratégico. Si los Estados occidentales son ciegos ante la deriva israelí, es también porque esta es resultado de una lógica colonial que les resulta familiar. Estados Unidos, país fundado sobre el exterminio de un pueblo, quizá no ve nada malo en el hecho de que su aliado considere que su expansión territorial e incluso su supervivencia pasa por aniquilar al otro. En el caso europeo, no podemos pasar por alto la importancia que tiene este complejo colonial reprimido en el apoyo que las antiguas potencias imperiales dan a un Estado que, en su opinión, va a vengarlos por los episodios menos gloriosos de la descolonización.

En lo que respecta a Estados Unidos, la convergencia de intereses es evidente y, más allá de partidos políticos y divergencias de detalle, explica por qué la política de demócratas y de republicanos con respecto a la deriva israelí es prácticamente idéntica. Históricamente, el apoyo incondicional que presta Washington a Tel Aviv se remonta a la guerra de los Seis Días de 1967. Es verdad que Estados Unidos manifestó simpatía por el nuevo Estado desde su creación, pero supo pararle los pies cuando la política israelí se oponía a la suya, como sucedió en la guerra del Sinaí de 1956. Por entonces nadie hablaba de civilización judeocristiana; los fundamentalistas cristianos eran marginales y los estadounidenses apoyaban a los movimientos de liberación no comunistas, con lo que, de paso, debilitaban a las antiguas potencias coloniales y afianzaban su liderazgo en el «mundo libre». Esto ya es historia. En un Oriente Medio en llamas, donde las alianzas con las monarquías árabes son ciertamente sólidas, pero permanecen a merced de una serie de incógnitas religiosas, sociológicas, políticas y culturales que podrían barrerlas, solo el Estado de Israel, parte integral de Occidente —como nos recuerda constantemente, gracias en parte a su pertenencia a la misma civilización judeocristiana— ofrece un apoyo fiable. Es, al parecer, el único país de la región que no traicionará. Y así se le agradece desde hace décadas. Sorprende ver cómo el cada vez más evidente carácter colonial de esta guerra no atenúa el apoyo que le dan Estados Unidos y los dirigentes europeos. Es verdad que algunos de estos se rasgan las vestiduras públicamente ante el carácter genocida de la guerra de Gaza, pero no pronuncian la palabra que siguen considerando tabú cuando se trata de judíos, ni hacen nada por minar la impunidad de la que goza un Gobierno abiertamente supremacista. Los hay que incluso quieren reconocer el Estado palestino, pero nunca plantean la cuestión de cuál sería el territorio que ocuparía. Pues de descolonizar Cisjordania no se puede decir nada, ya que este término, «descolonización», es otro tabú cuando se habla de Israel. En realidad, se repite la misma situación con diversas variantes: frente a un Estado que ya pertenece orgánicamente al mundo occidental, es decir, al mundo civilizado, se alza un conjunto de países que forman el otro mundo, un mundo bárbaro que amenaza hasta la propia idea de civilización. Hoy, esta concepción colonial no emplea el mismo vocabulario que en tiempos de la expansión imperialista, pero aunque se exprese con otros términos no ha desaparecido, y parece incluso reactivarse a ambos lados del Atlántico, con una extrema derecha muy desinhibida que ha vuelto a adquirir protagonismo. Sin duda, la gran simpatía que esta extrema derecha, nostálgica de la «grandeza» colonial, le tiene al Israel de hoy se debe, al menos en parte, a las ganas de vengar las derrotas que los colonizados infligieron en el pasado a los países colonizadores. Este aspecto de la cuestión no puede expresarse abiertamente, pero existe y tiene su peso. Vemos, pues, cómo se renueva la vieja figura del sionista antisemita del que ya hemos hablado en este ensayo. El antisemitismo fundacional de estos movimientos no ha desaparecido, por mucho que sus líderes quieran ocultarlo, pero se ha investido de afinidades ideológicas y de un odio común a lo árabe y a lo musulmán que aprueban todo tipo de acercamientos.

Aunque las viejas ideas coloniales siguen vigentes, Occidente no se conforma con ellas. Eso es quizá lo esencial. Como hemos visto, la defensa de la inocencia absoluta de Israel —país en el que Occidente, reforzando así el discurso sionista, ha encarnado al nuevo judío, al judío posterior al genocidio judío— es condición *sine qua non* para la recuperación de la inocencia de Occidente. El problema es que si hay un inocente siempre debe haber un culpable. Y dado que el enemigo de Israel, el que cuestiona su derecho a conquistar, a ocupar y someter, es el palestino, este es el culpable. La indispensable inocencia de Israel se corresponde, por lo tanto, con la necesaria culpabilidad de los palestinos. Cuando a veces se acepta reconocer su derecho a existir, este se circunscribe en el marco de una entidad política desmilitarizada, sobre cuyo funcionamiento las potencias tendrán derecho a decidir, en nombre de la protección de su poderoso vecino y probablemente guardián. Esto nos lleva al punto de partida. O, mejor dicho, no. Porque esta diabólica maraña de disputas históricas sin resolver, de mentiras, encubrimientos y falsas reparaciones, ha generado un nudo gordiano que ningún Alejandro parece dispuesto a cortar. Peor aún, compromete cualquier posibilidad de futuro, al multiplicar construcciones políticas y simbólicas que no son más que aporías.

En sus sucesivas formulaciones, el excepcionalismo judío sirvió en primer lugar como principal combustible para el sionismo, ya que, al ser el judío inasimilable, la solución a «la cuestión judía» solo podría pasar por la creación de un Estado donde todos aquellos que pertenecían a esta identidad —indefinible, pero distinta de todas las demás— se reunieran de una vez para siempre. La inocencia de Israel solo puede ser duradera si este Estado representa eternamente a la víctima; es decir, si habla en nombre de todos los judíos, independientemente de su lugar de residencia o nacionalidad. Ya hemos visto cómo los dirigentes occidentales asumen esta doble mentira, la de la excepcionalidad y la del carácter de víctima eterna, aunque la población israelí actual no tenga ya más que una tenue relación con los perseguidos de antaño. Durante la campaña electoral de 2024, en una declaración que tiene el mérito de ser diáfana, Donald Trump les dijo a los judíos estadounidenses que Benjamin Netanyahu era «su» primer ministro, reforzando así la falsa idea de que en primer lugar los judíos le deben lealtad a Israel. Y a fin de expiar el genocidio judío, o eso creen ellos, los defensores de la «razón de Estado» alemana instan a su clase política a apoyar a Israel, incluso cuando este país comete sus peores excesos. Los judíos del mundo son hoy prisioneros de su asimilación sin reservas a un país que solo les pertenece a menos de la mitad de ellos. Algunos se conforman, pero otros rechazan la confusión política entre judío e israelí. Sobre todo, porque dicha confusión alimenta constantemente el antisemitismo en el norte y el sur del Mediterráneo. Ya que, si Israel representa a todos los judíos, entonces estos pasan a ser responsables de los crímenes cometidos en su nombre. Este es el peligro mortal que les aguarda, puesto que, si exceptuamos a una parte de la población occidental y a los evangélicos de todo tipo y condición, lo cierto es que ahora la opinión internacional pone de forma abrumadora al Estado de Israel en el bando de los verdugos. Aún no sabemos el efecto que este cambio de condición radical tendrá en la opinión pública, incluida la occidental. El hecho de que Israel deje de ser víctima y se convierta en verdugo, por mucho que sus dirigentes y partidarios tachen de antisemitas a quienes los critican, puede provocar un terremoto. Cambia sin duda la percepción que el mundo tiene de los judíos y refuerza el círculo vicioso, según el cual las políticas israelíes alimentan el resurgimiento global del antisemitismo, y a su vez este último refuerza la doctrina sionista de que los judíos solo están seguros en su propio Estado.[1] La hostilidad creciente de parte del «Sur global» a un Estado que ya no se molesta en ocultar su afán conquistador liga definitivamente a este último a Occidente y refuerza el carácter exclusivamente occidental del objeto judeocristiano, cuya capacidad de hacer daño he intentado poner de manifiesto en estas páginas.[2]

¿Qué está en nuestra mano, pues? Evidentemente, sería presuntuoso responder a esta pregunta. Nos limitaremos a hacer una serie de observaciones, a modo de epílogo. En primer lugar, parece que por fin la brecha entre judíos e israelíes empieza a agrandarse. Sin querer simplificar, y teniendo presente que toda generalización conlleva su parte de error, los primeros —o al menos al-

---

1. Véase al respecto Sylvain Cypel, *L'État d'Israël contre les Juifs*, segunda edición ampliada, La Découverte, París, 2024.

2. Uso la expresión «Sur global», que está de moda, por mera comodidad. Sin embargo, este «Sur global», cuyo advenimiento celebran algunos analistas, no tiene para mí ningún significado político. Es profundamente heterogéneo y los Estados influyentes que lo forman se rigen por la misma lógica económica y de poder que los del Norte, al que pretenden oponerse. Lo único que los une es un antioccidentalismo circunstancial, que tiene motivaciones volubles y frágiles.

gunos de ellos— aceptan que proceden de la diáspora y se rebelan contra la idea de que los identifiquen con un Estado cuyas prácticas, e incluso cuya razón de ser, no pocos rechazan. Los segundos se atrincheran en su convencimiento de que el mundo está en su contra, de que lo innombrable puede repetirse en cualquier momento y de que solo puede protegerlos el uso ilimitado de la fuerza, eliminando a un enemigo siempre dispuesto a renacer de sus cenizas. Paradójicamente, ambos grupos debilitan hoy sus lazos de pertenencia a Occidente. Parte de los judíos del mundo empiezan a aceptar sus raíces plurales y rechazan el binomio judeocristiano que los excluye de un orbe más amplio y global. El hecho de que los movimientos judíos que reivindican la diversidad de sus orígenes se multipliquen a ambos lados del Atlántico ilustra una tendencia que el etnocentrismo cada vez más cerrado de Israel no puede sino acelerar.

Además, el apogeo del fundamentalismo mesiánico israelí, ahora en el poder, aleja a este país del sentimiento aún mayoritario en Occidente que valora de forma positiva los regímenes seculares —aunque tampoco en Occidente sean anecdóticos los delirios fundamentalistas de todas las religiones— y lo acerca al lado oscuro de un Oriente musulmán que, en el plano religioso, atraviesa uno de sus peores momentos históricos. Enemigos irreductibles, convencidos de que solo pueden vencer si aniquilan al otro, son como dos ruedas de un mismo engranaje, con la diferencia de que la rueda del ocupante es infinitamente más mortífera que la del ocupado. La integración de Israel en su entorno regional se logra así de la peor manera posible, creando sus propios «locos de Dios», dispuestos a perpetuar la guerra para llevar a cabo su proyecto. Sin embargo, esta deriva no afecta a su relación con Occidente, porque sus representantes autorizados la aceptan o, cuando menos, se niegan a considerar el peligro que supone.

Las consecuencias de estos cambios empiezan a hacerse visibles. Hoy, ese famoso «pueblo judío» que tanto tiempo estuvo perseguido ha pasado a ser, para casi toda la opinión pública mundial, un pueblo genocida, por culpa de un Estado que se erige en su representante, llegando así al colmo de la infamia. Así muda la imagen que tiene el mundo de él. Para dar cuenta de este giro tal vez sea preciso cambiar también el vocabulario. El Estado de Israel nació en nombre de una religión y de la ilusoria pertenencia a lo que comúnmente llamamos pueblo, pero se creó contra todo lo que constituía la identidad colectiva del judío de la diáspora. Este «nuevo judío» al que antes me refería se ha hecho guerrero y campesino, dos funciones totalmente ajenas al judío de la diáspora.

En ningún lugar donde residieron en minoría llevaron jamás armas los judíos.[3] Por tanto, y para dar fe del divorcio cada vez más inevitable que estamos viendo entre judíos e israelíes,[4] ¿no habría que dejar de llamar a estos últimos judíos —salvo, en el plano religioso, a los creyentes— y empezar a llamarlos neohebreos, dado que se consideran herederos directos de los reinos judíos de la Antigüedad, saltándose así dos mil años de historia?[5] Por algo los líderes que han elegido se identifican con los episodios más belicosos de la Biblia y defienden su derecho a ocupar territorios por las armas. Para ellos, la sacralidad de la Tierra ha sustituido a la del Libro, ahora utilizado políticamente como herramienta de legitimación, y para dotar al proyecto territorial de la aventura

3. Que yo sepa, a excepción de los *Ba Houtzim*, llamados también «judíos de guerra», seguramente la última de las tribus judías bereberes del Magreb oriental. Eran judíos seminómadas que recorrían, armados y a caballo, la actual frontera entre Argelia y Túnez. Se calcula que antes de 1830 eran un millar y prestaban servicio como acompañantes y protectores de caravanas de peregrinos. Desaparecieron al sedentarizarse a principios del siglo XX.

4. No todos, por supuesto, y el apego que muchos judíos de todo el mundo sienten por Israel sigue siendo enorme. Pero la ruptura es cada vez mayor, como se deduce del malestar que sienten cada vez más judíos ante la deriva de un Estado cuya política les resulta muy difícil de defender.

5. Véase al respecto Nurit Peled-Elhanan, *Palestine in Israeli School Books, Ideology and Propaganda in Education*, I. B. Tauris, Londres, 2012.

sionista de una mitología cuya desmesurada ambición bien podría marcar el fin de la propia aventura.

En realidad, este objeto judeocristiano, cuyo significado nunca se explica con exactitud, se caracteriza por gozar de una plasticidad que permite que todos lo usen a su antojo. Le quedan sin duda muchos años de vida, dado que resulta demasiado conveniente a demasiada gente y, desde hace varias décadas, sirve para ocultar, poseer y excluir lo que sea necesario. Lo emplearán para obstaculizar posibles reconciliaciones, para impedir que leamos sin anteojeras ni construcciones ideológicas la historia, toda la historia, siempre con un único objetivo: volver incurables las fracturas actuales. El esfuerzo de deconstrucción que he realizado aquí tiene justo la finalidad contraria: volver a anudar los lazos que entre todos han roto para reconciliarnos con lo vivo y lo real, frente a las exclusiones mortíferas que proponen a sus pueblos los líderes identitarios del Norte y del Sur, unidos en el rechazo del otro, de la complejidad y la diversidad; es decir, el rechazo de toda paz posible.

ÍNDICE

Esta primera edición
de *La civilización judeocristiana*,
de Sophie Bessis, ha sido impresa con
los papeles Munken Print Cream, de 100 g,
y Symbol Tatami Ivory, de 250 g. Se ha
utilizado la tipografía Tisa OT.
Se terminó de imprimir en
el mes de diciembre del
año 2025.